ZEIT
FÜR MICH

INNERE RUHE

ANNA
BARNES

kailash

Die englische Originalausgabe erschien 2016 unter dem Titel
»How to Be Calm« bei Summersdale Publishers Ltd., England.

MIX
Papier aus verantwor-
tungsvollen Quellen
FSC® C021956

Verlagsgruppe Random House FSC® N001967

1. Auflage
Deutsche Erstausgabe
© 2018 der deutschsprachigen Ausgabe
Kailash Verlag, München
in der Verlagsgruppe Random House GmbH
Neumarkter Str. 28, 81673 München
© 2016 by Summersdale Publishers Ltd.
Layout und Design: Luci Ward
Übersetzung und Satz: Felicitas Holdau
This translation published by arrangement with
Summersdale Publishers Ltd.
Umschlaggestaltung: ki 36 Editorial Design, Daniela Hofner,
unter Verwendung des Umschlags der Originalausgabe

Bildnachweis: Illustrationen und Fotos © Shutterstock: world of
vector / Ksenia Lokko / Grisha Bruev / Popmarleo / Giorgio Mo-
rara / Julianna Million / pashabo / Suzanne Tucker / Le Chernina
/ KostanPROFF / benchart / Nenilkime / Monash / Olga Zakharo-
va / saysio / Jamesbin / BONNINSTUDIO / Rakic / Nancy White /
Ivan Mogilevchik / sergeymansurov / chuhail / Polovinkin / Lytvy-
nenko Anna / Lightkite / Eisfrei / Africa Studio / Aphelleon / Hein
Nouwens / Zenina Anastasia / Cienpies Design / Anita Ponne /
Nadydy / Volodymyr Martyniuk / mixform design / Aleks Melnik /
Pushistaja / Ka_Li / Angie Makes / Yulia Davidovich / Elizaveta
Melentyeva / VectorDesigner / Mascha Tace / Yorri / Nikiparonak
/ Tasiania / Pim / yuki33 / Morphart Creation / Danussa / Ficus
777 / makar / berry2046 / Tetyana Snezhyk / gorniak404 / An
Vino / aninata / Kamenuka / Magnia / Ohn Mar / Mikael Miro /
KsanasK / Katata

Druck und Bindung: Litotipografia Alcione srt., Trento
Printed in Italy
ISBN 978-3-424-63159-3

www.kailash-verlag.de

Inhalt

VORWORT

In dieser hektischen, geschäftigen Welt tut es uns allen gut, mal zu entschleunigen und für etwas Ruhe, Frieden und Abstand zu sorgen. Echte Gelassenheit zu finden, kannst du dir vielleicht momentan nicht vorstellen, doch mit etwas Übung ist das möglich – und dann verändert sich einfach alles. Ein gewisser Grad an Druck ist durchaus sinnvoll, weil er uns neuen Antrieb gibt und dazu bringt, aktiv zu werden. Wird dieser Druck aber zu groß, dann kann er das ganze Leben beeinträchtigen – vom Essen über die Beziehungen bis zum Schlaf. Ob bei Stress in der Arbeit oder zu Hause, die folgenden Tipps sind leicht umzusetzen und helfen dir, die Sorgen aus dem Kopf zu bekommen und mit Belastungen entspannter umzugehen. Das gelingt nicht mal eben so, doch mithilfe dieser Tipps findest du deinen Weg zu einer neuen, gelasseneren Haltung.

Wege zu mehr Gelassenheit

Es war schon mal ein sehr guter Einstieg ins Thema Gelassenheit, dass du dich entschieden hast, dieses Buch zu lesen. Hier wirst du Tipps finden, die dir helfen, deine Sorgen zu vertreiben, sowie einfache Methoden, um deinen Körper und Geist zu entspannen.

ERKENNE & BEHERRSCHE, WAS DICH BEUNRUHIGT

Schreibe in den nächsten zwei Wochen alles auf, was dich beängstigt oder stresst – seien es Orte, Menschen oder Situationen. Bewerte diese Stressoren auf einer Skala von 1 bis 10: 1 bedeutet »ein bisschen stressig«, 10 »enorm stressig«. Sobald du deine schlimmsten Stressauslöser erkannt hast, kannst du sie Schritt für Schritt eliminieren. Wenn es zum Beispiel sehr stressig für dich ist, den Bus zur Arbeit zu erreichen, versuche stattdessen, mit dem Rad zu fahren oder zu Fuß zu gehen (nebenbei profitierst du auch noch von der Extrabewegung).

slow down

Einer der ersten Schritte zu mehr Gelassenheit ist das Entschleunigen. Viele von
uns leben in einem immer schnelleren
Tempo und versuchen, eine Vielzahl von
Verpflichtungen in Arbeit, Familie und
Freundeskreis unter einen Hut zu bringen.
Wenn wir dann mal gezwungen sind inne-
zuhalten, zum Beispiel beim Schlangeste-
hen, werden wir ganz unruhig und frustriert. Lass das nicht zu und nutze die
Momente, wenn du warten musst, wenn
dein Bus zu spät ist oder du im Stau
stehst, um dich zu entspannen: Atme tief
ein und aus oder höre Musik.

Du bist hier nur
zu einem kurzen Besuch.
Eile dich nicht,
sorge dich nicht!
Und nimm immer
den Duft der Blumen
am Wegesrand wahr.

Walter Hagen

HÖRE AUF DIE WEISHEIT DEINES HERZENS.

SEI OFFEN FÜR NEUES

Raus

ins Grüne

Freue dich an dem, was die freie Natur zu bieten hat, und verbringe mehr Zeit im Garten, im Park oder im Wald. Im Grünen kannst du tiefe innere Ruhe finden. Wenn du am Strand spazieren gehst oder über die Felder oder auch in deinem Garten, kann das deine Stimmung heben, Verspannungen lösen und den Blutdruck senken. Dich der Natur nahe zu fühlen, kann dich so aufbauen, dass du in stressigen Situationen gelassener bleiben wirst.

DER WALD
STRAHLT
EINE HEITERE
UND RUHIGE
ERHABENHEIT
AUS. DIE IN
DIE SEELE
EINDRINGT UND
SIE ERFREUT
UND ERHEBT
UND MIT EDLEN
NEIGUNGEN
ERFÜLLT.

Washington Irving

EINE FREUDE TÄGLICH

Bist du niedergeschlagen, angespannt oder voller Sorgen, dann versuche immer, etwas Schönes zu tun, um dich aufzuheitern. Ob du frische Bettwäsche aufziehst oder dir Zeit nimmst, deinen Lieblingsfilm oder dein Lieblingsfernsehprogram anzusehen, ob du dich zum Lesen gemütlich unter eine Decke verkriechst, dir ein feines Essen kochst oder einen Freund triffst – wenn du etwas hast, worauf du dich freuen kannst, hilft dir das über den Tag und stärkt deine Zuversicht. Schau, dass dein Terminkalender jede Woche genügend bietet, was dich ausfüllt und glücklich macht. Und für Spaß musst du kein Geld ausgeben: Geh an einem lauen Sommerabend in den Park; besuche, wenn's kalt ist, eine Freundin oder finde kostenlose Veranstaltungen in der Nähe.

DAS WICHTIGSTE IST,
DEIN LEBEN ZU GENIESSEN:

GLÜCKLICHSEIN

IST DAS, WAS ZÄHLT.

Audrey Hepburn

SCHREIBE EINE TO-DO-LISTE

Ob in der Arbeit oder zu Hause: Wenn dir all deine Aufgaben ständig im Kopf rumgehen, kann das Stress und Sorgen verstärken. Wenn du aber eine To-do-Liste schreibst und alles, was du erledigt hast, abhakst, ist das geradezu erlösend. Es gibt deinem täglichen Leben Struktur, hilft dir, planvoll und gelassen vorzugehen, und gibt deinem Hirn die Erlaubnis abzuschalten, wenn du ins Bett gehst. Und vergiss nicht: Du musst nicht jeden Punkt abhaken, allein die Liste zu machen, hilft schon weiter.

Mache Gemütsruhe zu deinem höchsten Ziel und organisiere dein Leben drumherum.

Brian Tracy

SEI VORBEREITET

Wenn ein Termin oder ein anderes Ereignis bevorsteht und du deshalb nervös und angespannt bist, bereite dich einfach optimal vor. Dies mag wie ein Allgemeinplatz klingen, aber wenn wir Angst haben, vergessen wir manchmal, logisch an die Dinge heranzugehen. Wenn du vor einer Prüfung oder einem Examen stehst, mach vorher einen Stundenplan für die Wiederholung des Stoffes. Wenn du dir Sorgen wegen einer Präsentation im Job machst, nimm dir viel Zeit für die Vorbereitung und bitte eventuell einen Kollegen, dich beim Vortrag zu unterstützen. Wenn du dich beim Autofahren ganz unsicher fühlst, nimm einfach ein paar Übungsfahrstunden. Gut vorbereitet zu sein, hilft dir, dich zu entspannen.

Zeit zum Ausruhen ist genau dann,
wenn du keine Zeit dazu hast.

Sydney J. Harris

NIMM DIR ETWAS ICH-ZEIT

Das Leben ist oft ziemlich hektisch, und wir verbringen unsere Zeit damit, sowohl im Job als auch zu Hause von einer Aufgabe zur nächsten zu hasten. Dieses ständige Hochleistungs- und Hochdruckleben kann zu einem hohen Stresslevel führen. Wenn du dir aber hier und da ein wenig Zeit für dich selbst nimmst, kannst du deine Batterien wieder aufladen, dich außerdem besser konzentrieren, und du bist besser drauf. In der Arbeit kann dir ein Spaziergang an der frischen Luft in der Mittagspause helfen runterzukommen. Nimmst du dir daheim die Zeit, mit einer Freundin zu telefonieren oder – zwischen zwei Aufgaben – ein Kapitel in einem Buch zu lesen, hilft dir das, dich zu entspannen.

Lass deine Sorgen wie Wolken davonziehen.

Geh raus in die Sonne

Graue Tage und Nieselwetter sind bei uns nicht gerade selten; wenn dann aber die Sonne rauskommt, ist es wichtig, das auszunutzen. Unser Körper produziert Vitamin D hauptsächlich mithilfe von Sonnenlicht, und das Vitamin D wiederum hilft unserem Körper, Serotonin zu produzieren, das »Glückshormon«. Durch die kurzen Tage im Winter sind wir oft müder als sonst, denn wenn es dunkel ist, produziert unser Gehirn Melatonin, das »Schlafhormon«, und wir fühlen uns womöglich matter als üblich. Untersuchungen zeigen, dass uns ein täglicher kurzer Aufenthalt in direktem Sonnenlicht – ca. 10 bis 15 Minuten – mit ausreichend Vitamin D versorgen kann. Schütze deine Haut bei längerem Sonnenbaden mit Sonnencreme!

FREU dich über diesen Moment.

Dieser

Moment

ist

dein

LEBEN.

Omar Khayyám

Lust auf Neues

Warum nicht mal etwas Neues ausprobieren, wenn du dich wie in einer Sackgasse fühlst? Lass dich auf ein neues Hobby ein: Ob du ins Fitnessstudio gehst, Yoga, Pilates oder eine Kampfkunst übst, eine neue Sprache oder die Grundlagen der Fotografie lernst, oder ob du eine schöne große Decke strickst – es kann sehr hilfreich sein, dich so einem Projekt intensiv zu widmen, um dich von deinen Problemen abzulenken. Abendkurse eignen sich auch gut dazu, neue Menschen kennenzulernen – und mach dir klar, dass alle im selben Boot sitzen; versuche also, dich zu entspannen und es zu genießen.

Hetze
dich nie.
Tue alles
ruhig und
gelassen.

Lass es raus

Wenn dir alles zu viel wird, vergiss nicht, dass du vielleicht einfach nur mal die Tür hinter dir zumachen und dich ausheulen musst. Mit Tränen befreit sich der Körper von Stress und Giftstoffen. Wenn du deine Emotionen zulässt, wirst du dich anschließend erleichtert fühlen und eher wieder bereit sein, dich der Welt zu stellen.

Wir müssen das Leben loslassen, das wir geplant haben, um das Leben anzunehmen, das auf uns wartet.

Joseph Campbell

GÖNN DIR EINEN Spa-TAG

Den Gipfel der genüsslichen Entspannung
kannst du erleben, wenn du einen Wellnesstag
oder ein Wochenende in einem Spa buchst.
Dort ist nicht viel zu tun, außer zu schwimmen,
in die Sauna oder den Whirlpool zu gehen und
wohltuende Anwendungen wie Aromatherapie-
massagen oder Kosmetikbehandlungen zu genießen. Das muss nicht teuer sein – es gibt oft
Rabatte, und bestimmt findest du etwas in deiner Nähe; suche einfach im Internet gezielt
nach Sonderangeboten. Sorge so dafür, dass du
dem Alltag für ein oder zwei Tage entfliehen
kannst. Wenn du sehr aufs Geld schauen musst,
lade jemanden zu einem Wellnesstag daheim ein
und schenkt einander abwechselnd kleine Ver-
wöhneinheiten.

Aus
Dankbarkeit
erwächst mehr,
das dankbar
macht.

Bleibe *ruhig,*
gelassen,
sei immer Herr
deiner *selbst.*
Dann
wirst du
sehen, wie
leicht du
zurecht-
kommst.

Paramahansa Yogananda

AKZEPTIERE DICH SO,
WIE DU BIST.

Daheim

Ruhe finden

Dein Zuhause sollte ein Zufluchtsort sein, wo du dich behaglich und glücklich fühlst. Wenn dich hier der Stress einholt, werden dir die folgenden Tipps helfen, wieder eine Oase der Ruhe und Regeneration zu schaffen.

REDUZIERE DEINE FERNSEHZEIT

Erstaunlicherweise sieht der Mensch durchschnittlich vier Stunden am Tag fern. Bedenkt man, wie geschäftig unsere Tage sind, ist es kein Wunder, dass wir keine Zeit für etwas anderes finden, wenn wir uns, kaum zu Hause, vier Stunden lang vor den Fernseher setzen, um dann ins Bett zu gehen. Das wird zu dem Gefühl beitragen, wenig Zeit zu haben und überfordert zu sein. Fernsehen kann interessant und informativ sein, aber zu viel davon zehrt an der Zeit, die du damit ver- bringen könntest, mit deinen Lieben zu reden oder einem Hobby nachzu- gehen. Statt also abends automatisch den Fernseher einzuschalten, plane vorher, was du anschauen möchtest, und schalte das Gerät danach aus.

Nicht nur vor dem Fernsehbildschirm sollten wir weniger sitzen, wenn wir uns mehr inneren Frieden und Stille wünschen. Viele von uns verbringen acht Stunden pro Tag vor dem Bildschirm in der Arbeit, checken zusätzlich ihre Social-Media-Accounts und E-Mails auf dem Laptop, Smartphone oder Tablet, spielen Games oder sehen auf dem Heimcomputer Filme in der TV-Mediathek. Alles in allem verbringen wir täglich locker zehn Stunden oder mehr damit, auf einen Bildschirm zu starren. Das strapaziert die Augen und führt zu Nackenverspannungen bis hin zu Spannungskopfschmerzen – ein Hauptstressfaktor.

Reduziere deine Zeit vor dem Rechnerbildschirm, indem du regelmäßige Arbeitspausen einlegst, und versuche, zu Hause möglichst selten am PC zu sitzen. Wenn du dir Zeit für Gespräche mit deinem Partner oder Freunden oder für ein Hobby nimmst, hilft dir das, dich vom Bildschirm fernzuhalten. Du wirst dich körperlich besser und viel ruhiger und gelassener fühlen.

LIMITIERE
DEINE
COMPUTERZEIT

Ich bleibe ruhig. Ich werde Meisterin meiner selbst.

Jane Austen

Wie frei wir sind, bemisst sich daran, wie viel wir hinter uns lassen können.

Vernon Howard

Ein aufgeräumtes Zuhause hilft uns, einen klaren Kopf zu bewahren. Vermutlich kennst du auch das Gefühl, wenn man etwas sucht – ein Kleidungsstück, ein Buch oder ein Küchenutensil –, aber die Schubladen, Schränke und Regale so voll sind, dass man es einfach nicht finden kann. Man wird ganz hektisch, ist frustriert und bekommt schlechte Laune.

Aufzuräumen und auszumisten kann dich in verschiedener Hinsicht gelassener machen: Sind alle Dinge ordentlich an ihrem Platz, musst du keine Zeit mehr mit nervigen Suchaktionen verschwenden; dich von Unnötigem zu trennen, kann sehr befriedigend sein, und die körperliche Betätigung fördert die Produktion von Serotonin, dem Hormon, das für ausgeglichene Stimmung und Glücksgefühle sorgt.

BRING SYSTEM IN DEN SCHRANK

Sobald du ausgemistet hast, kannst du deinen Kleiderschrank sortieren. Hast du auch oft »nichts anzuziehen«, wenn du morgens etwas für die Arbeit suchst oder abends für ein besonderes Event? Wenn du weißt, wo was ist, kannst du dein Outfit gelassen und souverän und viel leichter wählen.

Je nachdem, wie viel Platz und welche Bedürfnisse du hast, kannst du entscheiden, wie du deinen Schrank organisieren willst. Hier ein paar Vorschläge dazu: Du kannst deine Kleider beispielsweise in Arbeits- und Freizeitklamotten aufteilen und dann innerhalb dieser Gruppen nach Farben. Oder du sortierst alles nach Kleidertyp: Tops, Hosen, Kleider etc. Mach es einfach so, wie es für dich persönlich am praktischsten ist.

Ohne **SCHLICHTHEIT,** Güte und Wahrheit gibt es keine **GRÖSSE.**

Leo Tolstoi

GEH DAS GELDTHEMA AN

Wenn dich deine Finanzen beunruhigen, dann ist
der erste Schritt, dir einen Überblick zu verschaf-
fen und eine Liste aller monatlichen Ausgaben zu
machen. Überlege nun, welche Kosten du reduzieren könntest. Hast du zum Beispiel den güns-
tigsten Stromtarif? Es gibt diverse Preisvergleichs-
portale im Internet, die dir helfen können, einen
kostengünstigeren Anbieter zu finden. Und was ist
mit deinem Handy? Zahlst du für Freiminuten, die
du gar nicht brauchst? Vielleicht kannst du jetzt
den Vertrag abspecken, eine Prepaid-Card oder
SIM-only (Vertrag ohne Handy) wählen. Und:
Wie viele Lebensmittel wirfst du pro Woche weg?
Mache Einkaufslisten und halte dich daran, friere
Reste ein und nutze Websites mit lokaler Ange-
botssuche, um günstiger einkaufen zu können.

WAHREN

Frieden

FINDEST DU
NUR IN DIR

selbst.

Ralph Waldo Emerson

SCHAU AUF DAS,
WAS
vor
DIR LIEGT,

NICHT AUF DAS, WAS
hinter
DIR LIEGT.

PUTZE WENIGER UND FINDE MEHR RUHE

Der Versuch, den Haushalt im Griff zu behalten und zugleich allen beruflichen, familiären und sonstigen Verpflichtungen gerecht zu werden, kann ganz schön frustrierend sein. Wenn du mal wieder das Gefühl hast, den Dreck in Angriff nehmen zu müssen, aber dich angesichts dieses Riesenjobs überfordert fühlst, dann nimm den Stress raus und widme dich nur ein bis zwei Räumen statt dem ganzen Haus. Du musst sie auch nicht von oben bis unten putzen, sondern nur das, was staubig oder dreckig ist. Wenn du eine Schürze mit Taschen trägst, kannst du darin deine Putzutensilien immer parat haben. Und: Aufwendige Dinge wie Fensterputzen oder Backofenreinigen sind nur gelegentlich nötig! Verteile sie übers Jahr und sorge so dafür, dass dein Putzpensum zu bewältigen ist.

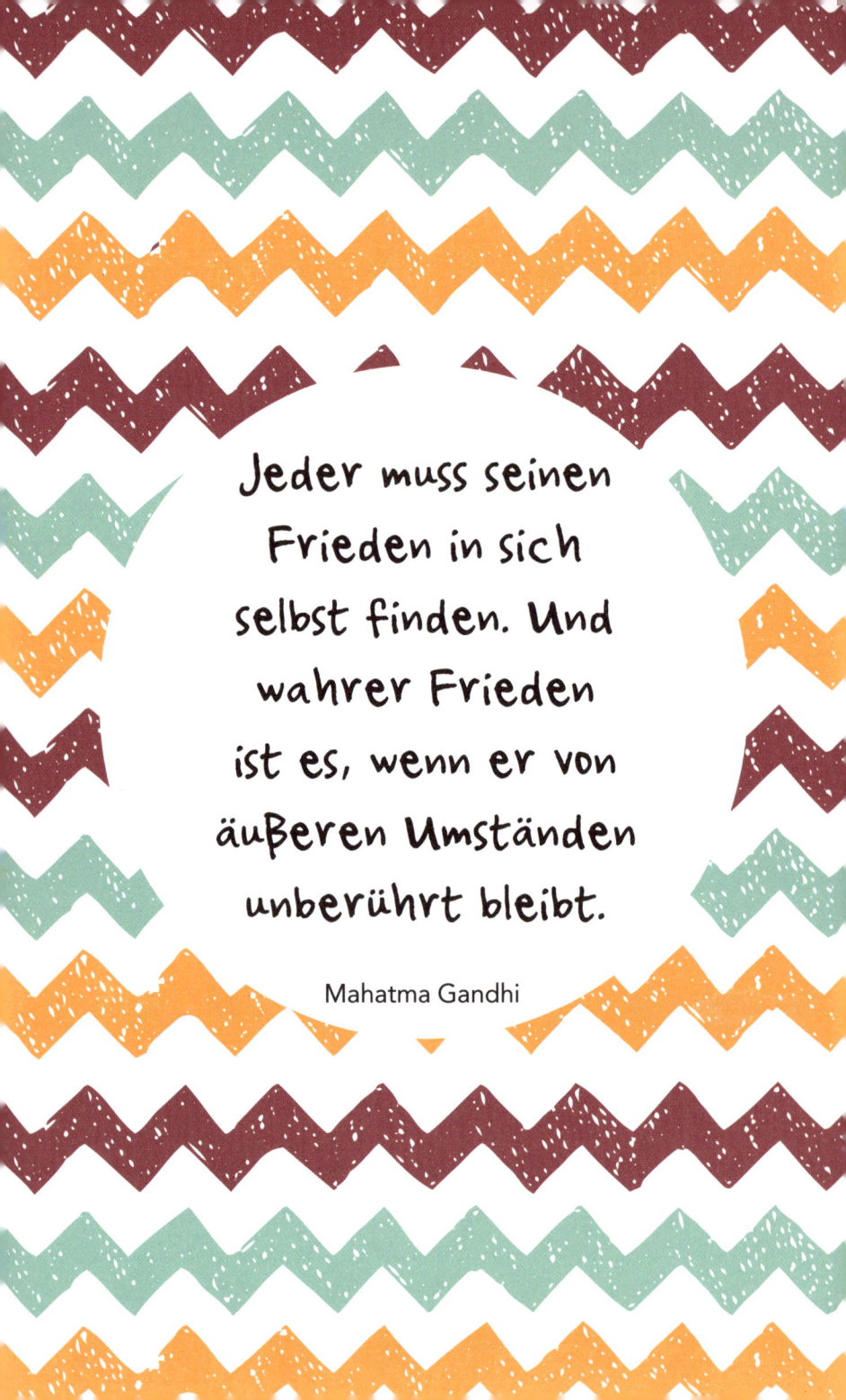

Jeder muss seinen Frieden in sich selbst finden. Und wahrer Frieden ist es, wenn er von äußeren Umständen unberührt bleibt.

Mahatma Gandhi

GUT GESCHLAFEN, GUT DRAUF

Wenn du besser schläfst, fühlst du dich fitter und bist klarer im Kopf. Im Schlaf regenerieren sich Körper und Geist. Wenn du ausgeschlafen bist, werden dir die Probleme und Herausforderungen des Lebens weniger stressig vorkommen, als wenn du matt und müde bist.

Wie viel Schlaf brauchst du?

Als optimal gilt für die meisten Erwachsenen eine Schlafdauer von sieben bis neun Stunden, aber jeder ist anders. Wenn du herausfinden möchtest, wie viel Schlaf du selbst brauchst, musst du einfach nur auf deinen Körper hören. Egal, ob du den empfohlenen Richtwert einhältst oder nicht: Wenn du dich ausgeruht fühlst, schläfst du vermutlich lang genug, und wenn du ständig müde bist, vermutlich nicht! Teste also aus, wie viel Schlaf gut für dich ist, und versuche dann, dich daran zu halten.

MACH DEIN SCHLAFZIMMER ATTRAKTIVER

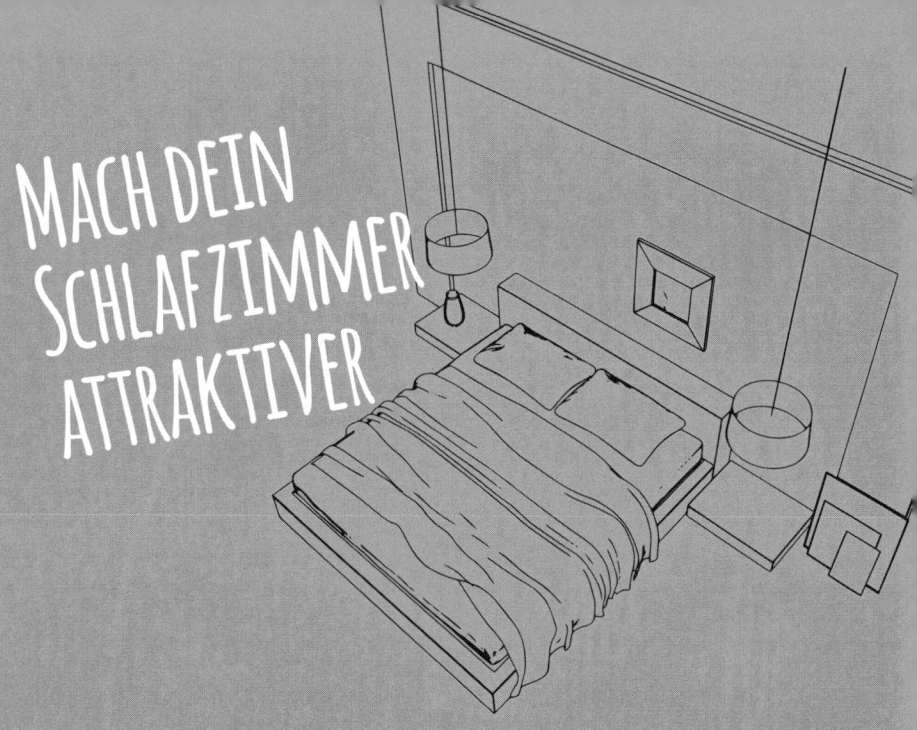

Gestalte dein Schlafzimmer als Allerheiligstes, reserviert allein für Schlaf und Sex. Lass deine Sorgen außen vor und schalte ab, während du dich aufs Schlafen vorbereitest. Ausmisten ist eine sehr gute Methode, um für erholsamen Schlaf zu sorgen: Schau, dass dein Schlafzimmer immer schön aufgeräumt ist, dass nichts unnötig herumliegt oder herumsteht. Schaffe Handys, Tablets, Laptops und Fernseher hinaus, denn du solltest die Bildschirmzeit vor dem Zubettgehen begrenzen, damit dein Hirn nicht wieder aufwacht, wenn eigentlich Schlafenszeit ist. Lies stattdessen ein Buch oder eine Zeitschrift. Wähle eine sanfte Beleuchtung, die den Raum in wohlig warmes Licht taucht, und versuche, mit Kerzen oder Duftölen eine gemütliche und entspannende Atmosphäre zu schaffen. Ätherische Lavendel-, Kamille-, Jasmin- und Vanilleöle unterstützen einen tiefen, erholsamen Schlaf.

So kriegst du den Kopf frei

Einer der häufigsten Gründe für Schlaf-losigkeit ist geistige Überlastung. Wir haben das schon alle erlebt, manche öf-ter als andere. Es ist wichtig zu lernen, die Sorgen wegzupacken, bevor du ins Bett gehst. Vielleicht entlastet es dich, wenn du aufschreibst, wie du dich fühlst, etwa in einem Tagebuch; oder du schreibst eine To-do-Liste für den nächs-ten Tag. Vielleicht findest du auch inne-re Ruhe, wenn du mit einem Freund oder Familienmitglied redest; das Ziel ist, dich möglichst stressfrei zu fühlen, bevor dein Kopf aufs Kissen sinkt.

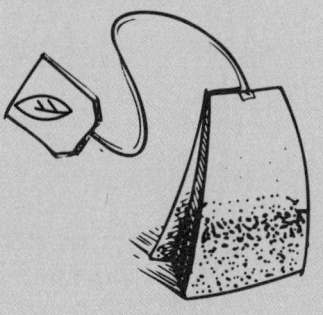

ENTWICKLE EIN ABENDRITUAL

Wenn du abends sehr angespannt bist und nicht zur Ruhe kommen kannst, dann gestalte eine Gute-Nacht-Routine. Halte dich rund um die Zeit, in der du ins Bett gehen willst, an einen bestimmten Ablauf: Das hilft deinem Körper zu erkennen, dass jetzt Schlafenszeit ist und er sich darauf einstellen soll. Vielleicht nimmst du ein Bad, trinkst anschließend ein warmes Getränk und liest dabei ein Buch. Wähle einen Kräutertee, der Lavendel, Kamille, Vanille oder Baldrian enthält. Wenn der nicht hilft, kannst du auch Baldriantabletten ausprobieren oder ein entspannendes Kissenspray. Mit der Zeit werden diese regelmäßigen Abendaktivitäten deinen Körper und Geist automatisch abschalten und Schlaf finden lassen.

SETZ DICH NICHT UNTER ZEITDRUCK

Manch einer liegt nachts wach und sorgt sich, dass er nicht die empfohlenen acht Stunden Schlaf bekommt, die nötig sind, um gut zu funktionieren. Allerdings hat in diesem Fall die Besorgnis selbst den größten negativen Effekt. Studien haben gezeigt, dass die meisten Menschen auch mit nur sechs oder sieben Stunden Schlaf gut auskommen; im Übrigen kann man ein Schlafdefizit ausgleichen, indem man etwa ein Drittel der fehlenden Zeit nachholt. Bist du zum Beispiel mal eineinhalb Stunden zu spät ins Bett gegangen, dann schläfst du einfach am Wochenende eine halbe Stunde länger.

Wenn wir unsere Vorstellung von einer idealen Schlafdauer ändern, gibt uns das mehr Ruhe und hilft uns so, leichter ein- und besser und tiefer durchzuschlafen.

Denke daran, in schwierigen Momenten

den Gleichmut zu wahren.

Horaz

die die die die die die die die
die die die die die die die die
die die die die die die die die
die die die die die die die die
die die die die die die die die
die die die die die die die die
die die die die die die die die
die die die die die die die die
die die die die die die die die
die die die die die die die die
die die die die die die die die
die die die die die die die die
die die die die   ...dchrrr

LEERE DEINEN GEIST

Manchmal weigert sich der Verstand einfach, still zu werden. Wenn du dann ein Wort, das keinen tieferen Sinn hat, ständig wiederholst, kann der Geist aufhören zu denken, und einschläfernde Langeweile macht sich breit. Empfehlenswert ist ein kurzes Wort wie »die«, das nichts Spezielles bedeutet, du kannst aber jedes Wort nehmen, das dir hilft. Wiederhole es innerlich alle zwei Sekunden, etwa fünf bis zehn Minuten lang – und »singe« deinen Verstand so in den Schlaf.

Frieden soll dein zweiter Vorname sein.

Ntathu Allen

Lass deine Sorgen davonfliegen

Diese Visualisierung wird dir helfen, wenn dir nachts der Kopf schwirrt vor Problemen, die schier unüberwindlich erscheinen. Wenn dein Verstand rotiert, weil er nach Lösungen sucht und keine findet, sage zu dir selbst: »Ich kann jetzt nichts konkret Hilfreiches tun. Morgen früh werde ich darüber nachdenken.« Während du die Botschaft an deinen Verstand schickst, sieh deine Sorgen, eingeschlossen in einem bunten Ballon, hinauf- und davonschweben – aus den Augen, aus dem Sinn ...

MAGNESIUM: NATÜRLICHER TRANQUILISER

Magnesium ist ein Nährstoff, der für viele Körperfunktionen wichtig ist, speziell im Schlaf. Vorzeitiges Aufwachen kann mit einem Magnesiummangel zusammenhängen. Der Mineralstoff unterstützt unter anderem körperliche und geistige Entspannung und kann nächtliche Muskelkrämpfe lindern. Empfohlen wird eine tägliche Zufuhr von 270 g für Männer und 300 g für Frauen, was eine ausgewogene Ernährung abdeckt. Reich an Magnesium sind Gemüse mit dunkelgrünen Blättern (wie Spinat oder Brokkoli), Nüsse, Bohnen, Kräuter und Hafer. Iss viel davon und genieße die Wirkung!

Versuche, langsamer zu leben.

Seelenruhe im Job

Vermutlich verbringst du mehr Zeit in der Arbeit als zu Hause mit deiner Familie. Und vielleicht bekommst du wegen deines Jobs regelmäßig Beklemmungen – weil du große Verantwortung trägst, einen sehr fordernden Chef hast oder Kollegen, die Druck machen. Aber du kannst deine Situation Schritt für Schritt verbessern.

Definiere das,
was du für notwendig
hältst, und sage

Nein

zum Rest.

Gestalte deinen Arbeitsplatz

Viele von uns verbringen unzählige Stunden im Büro, aber kaum Zeit damit, über ihr Arbeitsumfeld nachzudenken. Es ist schwierig, entspannt zu sein, wenn man sich unwohl fühlt. Gestalte also deinen Arbeitsplatz so angenehm wie möglich: Stelle Blumen oder ein Foto hin und schaffe Ordnung, um mehr Ruhe hineinzubringen. Studien belegen, dass man am besten bei natürlichem Tageslicht arbeitet, aber wenn das nicht geht, versuche es mit einer Tageslichtlampe. Ein Monitor-Blendschutz hilft gegen Lichtreflexionen. Sorge auch dafür, dass dein Arbeitsplatz mit Monitor, Tastatur, Maus und Stuhl möglichst ergonomisch ist.

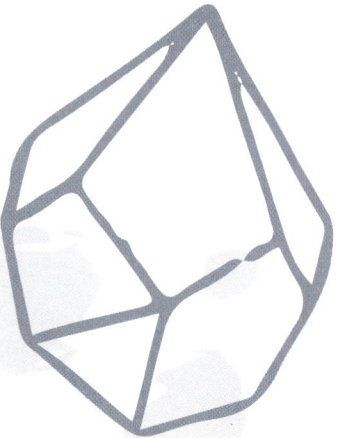

**WENN DIR ETWAS
ZU SCHWER IST,**

MACHE

TEILE

DARAUS,

**BIS EINES LEICHT GENUG
FÜR DICH IST.**

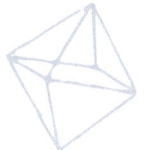

BEGINNE DAMIT.

Bernie S. Siegel

Ich hoffe auf nichts.

Ich fürchte nichts.

Ich bin frei.

Nikos Kazantzakis

LERNE, NEIN

ZU SAGEN!

Wir alle wollen unsere Arbeit gut machen, doch allzu leicht gewöhnen wir uns an, jeden Auftrag anzunehmen und so immer mehr unter Druck zu geraten. Nein zu Vorgesetzten zu sagen, wenn sie mit einer weiteren Aufgabe kommen, kann Angst machen, aber es ist wichtig, sich keine Sorgen darüber zu machen, an Ansehen zu verlieren, wenn man eine Aufgabe ablehnt. Chefs wissen durchaus, dass es unser Arbeitspensum manchmal nicht erlaubt, eine zusätzliche Aufgabe oder Verantwortung anzunehmen; sie bauen darauf, dass sich ihre Mitarbeiter melden, wenn sie Kapazitäten frei haben. Einen Auftrag höflich zurückzuweisen mit der Begründung, dass du ihn nicht rechtzeitig erledigen kannst, wird deinem Chef nicht nur zeigen, dass du dir deiner Auslastung und Grenzen bewusst bist; es wird vor allem deinen Stress reduzieren. Wenn du glaubst, immer Ja sagen zu müssen, dann wirst du schnell zu viel Arbeit haben – und zusätzlich den Druck, mit allem zu spät zu sein, nicht die gewünschte Qualität zu schaffen oder Überstunden machen zu müssen. Das lässt sich leicht verhindern, indem du achtsam darauf schaust, was möglich ist, und Nein sagst, wenn nötig.

Lass deine Seele ruhig und gefasst bleiben

angesichts einer Million Universen

Walt Whitman

Wenn du einen Schreibtischjob hast oder eine andere vorwiegend sitzende Tätigkeit, dann steh alle paar Stunden auf und dehne dich genüsslich. Damit gönnst du deinen Augen eine Pause, beugst Muskelverspannungen und damit Kopfschmerzen vor und regst den Blutkreislauf an. Außerdem sind wir, wenn unsere Muskeln verspannt sind, ebenfalls emotional angespannter und fühlen uns eher gestresst. Auch dem beugt regelmäßiges Stretching vor.

Halte
kurz inne,
unterbrich deine Arbeit
und schau dich um.

Leo Tolstoi

mache

immer

eins

nach

dem

anderen.

Fang dir keinen Stress von Kollegen ein

Eines der größten Hindernisse, in der Arbeit gelassen zu bleiben, ist der »Secondhand-Stress«. Wenn Kollegen gestresst sind, kann es gut sein, dass wir deren negative Gefühle unbewusst übernehmen. Um das zu verhindern, solltest du versuchen, immer etwas Positives zu antworten, wenn Kollegen über ihre beruflichen oder persönlichen Probleme sprechen. Wenn sie nicht zu stoppen sind, biete zum Beispiel an, etwas Warmes zu trinken zu holen, um die Situation zu entschärfen. Wenn du dich nicht loseisen kannst, achte gut darauf, selbst positiv zu bleiben und die Einstellung der Kollegen nicht zu übernehmen.

Wenn du bereit bist, einfach du selbst zu sein, und dich weder mit anderen vergleichst noch misst, dann wird jeder dich achten.

Laotse

MACH MAL URLAUB

Egal in welchem Job – es ist ganz wichtig, regelmäßig Pausen zu machen und sich Zeit zu nehmen für das, was glücklich macht. Ob du in Urlaub fährst oder zu Hause bleibst, du brauchst Abstand von deinem beruflichen Alltag, um dich mal für ein paar Tage auszuklinken, ganz abzuschalten und dich zu entspannen. »Urlaub auf dem Balkon« wird immer beliebter, und viele Menschen nehmen sich frei, um endlich mal Dinge zu tun, für die sie sonst keine Zeit haben, zum Beispiel Sachen rund ums Haus zu erledigen oder Freunde zu treffen.

HOL DIR EIN STÜCK NATUR INS BÜRO

Es mag erstaunlich klingen, aber Untersuchungen zeigen, dass eine Pflanze auf dem Tisch helfen kann, das Stresslevel zu senken und sogar die Produktivität anzukurbeln. Ursache für diesen positiven Einfluss ist vermutlich, dass die Natur per se beruhigend auf uns wirkt und der frische Sauerstoff, den die Blätter produzieren, uns belebt. Deshalb sind Blatt- besser als Blütenpflanzen, denn je mehr Laub, desto mehr Sauerstoff.

Die Natur lehrt uns
Einfachheit und Zufriedenheit,
denn durch sie erkennen wir,
wie wenig es braucht,
um glücklich zu sein.

Mark Coleman

SPRICH MIT JEMANDEM

Empfindest du deine Abeit als sehr anstrengend? Dann bist du nicht allein. Immer mehr Menschen fühlen sich überarbeitet und unterbezahlt. Weil viele Unternehmen ums Überleben kämpfen, sehen sie sich gezwungen, Mitarbeiter zu entlassen, und deshalb müssen jetzt weniger Leute die ganze Arbeit tun. Wenn du wegen deines Jobs ständig im Stress bist, selbst zu Hause, solltest du vielleicht mit jemandem reden. Falls dein direkter Vorgesetzter oder der Chef dafür nicht zugänglich ist, könntest du mit Kollegen reden und schauen, ob es ihnen genauso geht. Wenn das nichts bringt, kann dich vielleicht die Personalabteilung unterstützen und beraten. Letztlich geht es um deine Gesundheit und dein Wohlbefinden!

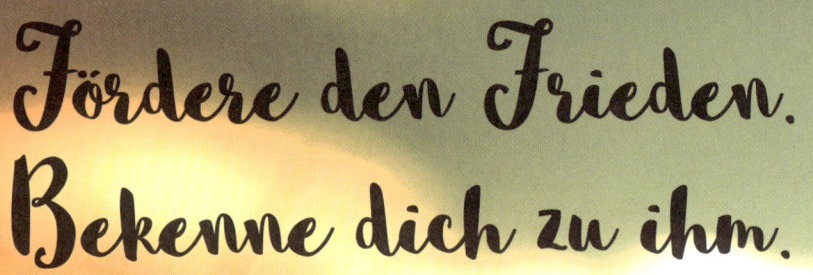

Fördere den Frieden.
Bekenne dich zu ihm.

Bestehe auf ihn.

Melody Beattie

Ein ruhiges Gemüt

Stress ist unvermeidlich, aber wie wir damit umgehen, liegt in unserer Hand. Wenn wir eine positive Haltung annehmen und freundlicher zu uns selbst sind, können wir auch den schwierigen Situationen mit unerschütterlicher Ruhe begegnen.

Lerne, Probleme zu lösen

Wenn sich die Probleme häufen und wir ständig in Gedanken um sie kreisen, erscheinen sie irgendwann als unüberwindlich. Indem wir grübeln und grübeln, hoffen wir, endlich eine gute Lösung zu finden, aber in Wirklichkeit geraten wir nur immer mehr in Sorge, wenn wir uns so das Hirn zermarten. Statt zu grübeln, solltest du versuchen, aktiv zu werden und etwas zu tun, das die Situation ändert. Vermutlich dauert es noch eine Weile, bis das Problem aus der Welt ist, aber du wirst bald merken, um wie viel besser du dich fühlst, wenn du deine Energien auf das fokussierst, was du jetzt konkret tun kannst.

Negativ?
Wieso negativ?

Irgendwann im Leben wird jeder von uns negative Erfahrungen machen. Aber nicht die Situation selbst, sondern wie wir mit ihr umgehen, ist entscheidend dafür, wie wir uns dann fühlen. Wir können nämlich unsere Sicht auf Probleme ändern, und zwar geht das ganz hervorragend, indem wir etwas Positives im Negativen suchen. Anfangs kann das schwer sein, speziell in einschneidenden Lebenssituationen. Aber selbst der kleinste positive Aspekt kann es uns leichter machen, mit einem Problem umzugehen. Vielleicht hast du deine Arbeit verloren – aber positiv daran ist, dass du jetzt auf deinen Traumjob umschulen kannst. Oder vielleicht ist deine Beziehung am Ende – aber positiv daran ist, dass du nun frei bist, um jemanden zu finden, der besser zu dir passt. Es ist nicht immer einfach, so zu denken, aber ein Wechsel der Perspektive kann sehr befreiend sein.

Das GLÜCK deines LEBENS hängt von der Beschaffenheit DEINER GEDANKEN ab.

Mark Aurel

Wer aufs Positive schaut,
macht sich das Leben leichter.

Nutze Affirmationen

Eine Affirmation ist eine positive Aussage, die dir hilft, hinderliche Überzeugungen in unterstützende zu verwandeln. Affirmationen wirken am besten, wenn man sie aufschreibt und wiederholt laut ausspricht. Hilfreich, um im Stress gelassener reagieren zu können, wäre etwa:

»Ich bin ruhig und ausgeglichen.«

oder

»Ich löse meine Probleme schnell und effektiv.«

Es ist wichtig, dass der Satz das gewünschte positive Ergebnis ausdrückt, und nicht das benennt, was man verändern oder vermeiden will. Wenn du sagst: »Ich will mich weniger aufregen«, registriert dein Gehirn »aufregen« und tut, wie geheißen ... Außerdem muss der Satz in der Gegenwartsform formuliert sein (»Ich bin« statt »Ich werde«), sonst bleibt es eine Zukunftsvision.

Es gibt viele CDs und Hörbücher mit Affirmationen, auch zum Downloaden, die du vor dem Einschlafen hören kannst.

Statt
auf den nächsten Urlaub
zu hoffen, könntest du dein Leben
so gestalten, dass du ihm nicht mehr
entfliehen willst.

Seth Godin

**SORGE GIBT VOR,
NOTWENDIG ZU SEIN,
DIENT ABER KEINEM
SINNVOLLEN ZWECK.**

Eckhart Tolle

Lebe jeden Tag
so, als sei es
dein erster:
mit Neugier und
Staunen.

Sprich darüber

Wenn du verstehen willst, warum du dich derart unruhig und unsicher fühlst, kann es sehr hilfreich sein, mit jemandem aus dem Freundes- oder Familienkreis zu reden. Befürchtungen auszusprechen, hat eine erlösende Wirkung, und oft klärt sich so auch, woher dein Gefühl eigentlich kommt. Und wenn der andere dich sehr gut kennt, kann er dir womöglich ein wertvolles Feedback dazu geben, wie er dein momentanes Verhalten wahrnimmt. Du wirst dich nach einem guten Gespräch sicher etwas entlastet fühlen. Also versuche es und vertraue dich jemand Nahestehendem an.

Nach
dem
STURM

kehrt
RUHE
ein.

Matthew Henry

Schreite voller Hoffnung in die Zukunft. Schreite voller Hoffnung in die Zukunft.

Kenne deine Ziele

Ist dir klar, was du vom Leben erwartest? Bist du mit deinem Job glücklich? Wie sieht es zu Hause und in deinem Privatleben aus? Wenn es dir wegen deiner momentanen Lebenssituation nicht gut geht oder du dich überfordert fühlst, ist es Zeit für eine Veränderung. Schau dir deine Arbeit, deine Beziehung, deine Finanzen und deine Freundschaften an. Was könntest du verändern, damit du dich künftig besser fühlst? Setze dir realistische, inspirierende und ermutigende Ziele – und wähle sie für dich und nicht jemand anderem zuliebe aus. Versuche aufzuschreiben, wonach du dich sehnst, und mache einen möglichst realistischen Plan, bis wann genau du was erreicht haben möchtest. Wenn du zum Beispiel einen beruflichen Wechsel anstrebst, könntest du erst recherchieren und dann zu einer Berufsberatung gehen. Nimm dir vor, die Änderung heute in einem Jahr schon weit vorangetrieben zu haben.

Halte deine Gedanken im Zaum

Es ist wichtig zu lernen, wie man abschaltet – lass dich nicht ständig von deinen Sorgen verfolgen! Konzentriere dich im Job auf die anstehende Aufgabe und versuche, deine Gedanken nicht zu anderen Dingen abschweifen zu lassen, die dich unter Anspannung setzen. Lass dich durch Stress am Arbeitsplatz nicht auch noch am Feierabend runterziehen und versuche, alle negativen Gedanken über den Job in der Firma zu lassen, wenn du ausstempelst. Falls dir das Abschalten schwerfällt, nimm dir für abends etwas vor: Triff Freunde, geh ins Kino oder melde dich für einen Abendkurs an, den du schon lange mal machen wolltest.

WER EIN

HAT, DEM IST KEIN

ZU SCHWER.

Friedrich Nietzsche

Geh in eine Selbsthilfegruppe

Du bist nicht allein! Es gibt viele Menschen, die unter depressiven Verstimmungen und Ängsten leiden. Aktuelle Studien zeigen, dass in Deutschland jeder vierte Erwachsene psychische Probleme hat, wobei Angststörungen und Depressionen die häufigsten Erkrankungen sind. Wenn du anhaltende seelische Beschwerden hast, rede mit deinem Hausarzt und lass dich eventuell an einen Facharzt überweisen. Es gibt auch Beratungsstellen, zum Beispiel den Sozialpsychiatrischen Dienst (SpDi), die Rat und Hilfe anbieten. Kontaktdaten von Krisen-Hotlines, Psychotherapeuten, Kliniken & Co. bekommst du dort und in einschlägigen Internetportalen. Such dir auch eine Selbsthilfegruppe und triff dich mit Menschen, die ähnliche Probleme haben. Sie werden genauso davon profitieren wie du.

Genügsamkeit

ist natürlicher

Reichtum,

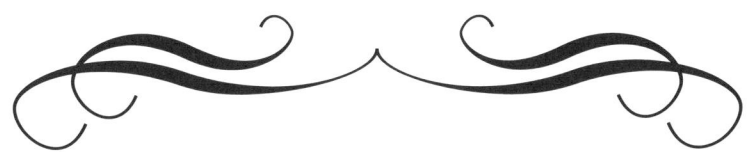

LUXUS IST KÜNSTLICHE ARMUT.

Sokrates

Essen, das gelassen stimmt

Eine gesunde Ernährung ist wichtig für unsere körperliche und unsere geistige Gesundheit. Im Folgenden lernst du Lebensmittel kennen, die für gute Laune und Gelassenheit sorgen.

Ernähre dich ausgewogen

Manche Lebensmittel sind vermutlich gut für Herz, Hirn und Verdauung – andere können Stress verstärken oder Entspannung unterstützen. Zuerst einmal aber solltest du versuchen, dich einfach ausgewogen zu ernähren. Iss nicht mehr Kalorien, als dir guttun; sorge für genügend Eiweiß; iss viel ballaststoff- und vitaminreiches Gemüse und Obst. Dadurch schaffst du die besten Voraussetzungen, um gesund zu bleiben, auch weil du für eine gute Verdauung sorgst. Wenn du dich ausgewogen ernährst, hast du dem Stress mehr entgegenzusetzen. Darauf aufbauend kannst du dich dann um eine speziell stressreduzierende Ernährung kümmern.

Iss Regelmässig

Wenn du nun überlegst, wie du deine Ernährung ändern könntest, um deine Stimmung zu verbessern, solltest du Regelmäßigkeit ganz oben auf die To-do-Liste setzen. Für einen ausgewogenen Blutzuckerspiegel ist es wichtig, regelmäßig dreimal am Tag zu essen. Das Frühstück ist die wichtigste Mahlzeit des Tages: Wenn du es auslässt, kann dein Blutzuckerspiegel zu tief absinken und so für gedrückte Stimmung sorgen. Wenn du zwischen den Mahlzeiten hungrig und gereizt wirst, greife zu einem gesunden Snack, etwa einer Banane oder einer Handvoll Nüsse.

Nimm fünf am Tag

Es wird allgemein empfohlen, mindestens
fünf Portionen Obst und Gemüse pro Tag
zu essen. Um sich körperlich ruhiger und
geistig frischer zu fühlen, hilft speziell alles,
was reich an B-Vitaminen und Vitamin C
ist, denn diese Vitamine sorgen mit für eine
gesunde Hirnfunktion. B-Vitamine sind
zum Beispiel in grünem Blattgemüse enthalten, in Roten Beten, Pilzen und Zitrus-
früchten; als gute Vitamin-C-Lieferanten
gelten unter anderem Erdbeeren, schwarze
Johannisbeeren, Orangen, Brokkoli, Rosen-
kohl, Kartoffeln sowie roter und grüner
Pfeffer. Auch Vitamin D und E sind wichtig, um die Mentalfunktionen zu stärken:
Vitamin D steckt in fettem Fisch (wie
Lachs, Makrelen und Sardinen), in Eiern
und angereicherten Zerealien. Letztere enthalten zudem viel Vitamin E, ebenso wie
Nüsse und Samen.

TUE DEINEM LEIB ETWAS GUTES, DAMIT DEINE SEELE LUST HAT, DARIN ZU WOHNEN.

Teresa von Avila

Achte auf gesunde Fette

Fett ist nicht gleich Fett. Es gibt gute, essenzielle Fette, die wir zum Beispiel brauchen, damit unser Gehirn einwandfrei funktioniert. Untersuchungen haben gezeigt, dass Diäten, bei denen auf jegliches Fett verzichtet wird, zu Ängsten und Depressionen führen können.
Aber es gibt schädliche Fette, insbesondere die trans-Fettsäuren in »gehärteten Fetten«, die hauptsächlich in Fertignahrung stecken: in Backwaren, Knabberzeug, Gebratenem und Frittiertem. Am bes-

ten isst du möglichst wenig davon, weil Transfette unter anderem als Mitverursacher von koronaren Herzerkrankungen gelten. Gut fürs Gehirn sind mehrfach ungesättigte Fettsäuren, und einfach ungesättigte Fettsäuren sind reich an Vitamin E; beide helfen, den Cholesterinspiegel zu senken. Erstere sind vor allem in Walnüssen, Erdnüssen, Sesam, Sonnenblumenkernen, Olivenöl und fettem Fisch enthalten; Letztere stecken vor allem in Nüssen, Oliven und Avocados. Gesättigte Fettsäuren (in Fleisch, Milchprodukten und Kokosöl) spielen vermutlich auch eine Schlüsselrolle in unserer Gesundheit und sollten nur in Maßen verzehrt werden.

Sei sparsam mit Salz

Nach Zeiten starker Anspannung kann es sein, dass uns eine gewaltige Lust auf Salziges überkommt. Die Nebennieren sind erschöpft und können nicht mehr ausreichend Adrenalin und Cortisol produzieren; in der Folge gerät unser Salzhaushalt in Schieflage – und wir greifen nach salzigen Snacks, auch weil sie meist schön fett und tröstlich sind ... Obwohl ein hoher Salzkonsum an sich das Stresslevel nicht anhebt, tun das aber Beschwerden wie Gewichtszunahme und Bluthochdruck, die mit ihm zusammenhängen können. Mach also besser einen Bogen ums Salz, iss als Snack lieber Obst und bereite dein Essen frisch zu, denn Fertigkost ist meist stark gesalzen.

Wer gern heiter
und ungetrübt wäre,

muss nur eines tun:
loslassen.

Meister Eckhart

Mehr Pep
mit Protein

Es ist sehr wichtig, genügend Eiweiß (Protein) zu essen, gerade wenn man eine schwierige Zeit durchmacht. Im Eiweiß steckt Tryptophan, eine Aminosäure, die der Körper in Serotonin umwandelt. Proteinreich mit hohem Tryptophananteil sind zum Beispiel Geflügel, Lamm, Fisch, Sojabohnen sowie viele Nüsse und Samen. Speziell Walnüsse, Leinsamen, Kürbis- und Sonnenblumenkerne sind gute Tryptophanquellen: Streu sie einfach über den Salat. Wenn du kein Fan davon bist, mahle sie in einer Kaffeemühle oder einem Mixer und mische sie in Suppen und Eintöpfe – dann bemerkst du sie gar nicht, aber profitierst trotzdem von ihnen. Tryptophanreiche Ernährung kann dir helfen, besser zu schlafen, und auch deine Stimmung heben.

ZÜGLE DEINE LUST AUF SÜSSES

Im Stress bieten Süßigkeiten schnelle Erste Hilfe: einen Energiekick und auch ein wenig Trost. Dass wir gern nach ihnen greifen, liegt zum Teil an der automatischen Stressreaktion, die Körper und Geist auf »Kampf oder Flucht« einstellt. Unser Organismus hat sich da noch nicht an unsere moderne Zeit angepasst, sondern reagiert bei Stress immer noch so, als bestünde akute Lebensgefahr: Wenn uns früher ein Raubtier bedrohte, mussten wir kämpfen oder davonrennen – für beides ist schnell verfügbare Energie nötig. Und die steckt in süßer Nahrung. Um die stressbedingte Süßlust auf gute Weise zu befriedigen, iss etwas mit natürlicher Süße wie Möhren, Süßkartoffeln, Beeren und Kokosnuss statt zuckerhaltiger Riegel & Co.

KLEINES

A C E

Ein hoher Stresshormonspiegel kann sich negativ auf die Gesundheit auswirken: Er kann das Immunsystem schwächen, sodass wir anfälliger für Erkältungen, Husten und andere Infektionen werden. Oder das Immunsystem reagiert über, und es entstehen Autoimmunerkrankungen und Entzündungen im Körper. Dagegen lässt sich relativ leicht etwas tun, indem man einfach viele Lebensmittel isst, die reich an Vitamin A, C und E sind. Diese Antioxidanzien sorgen nämlich für innere Balance, reduzieren Entzündungen und stärken zugleich die Abwehrkraft.

Vitamin A ist in Form von Retinol zum Beispiel in Lebertran und Eigelb enthalten. Zu viel Retinol ist aber ungesund. Der Körper kann Vitamin A auch selbst aus beta-Carotin bilden, und das steckt in gelbem und orangem Obst und Gemüse wie Aprikosen, Möhren und Kürbis.

Vitamin C bieten Zitrusfrüchte, Brokkoli, Beeren und Tomaten in größeren Mengen, und Vitamin E liefern Nüsse, Samen, Weizenkeime, Avocados und Olivenöl. Einige dieser Lebensmittel in den Speiseplan aufzunehmen, kann für mehr Gesundheit und gute Laune sorgen.

Schönheit offenbart sich nur dem heiteren Gemüt.

Henry David Thoreau

RENNE NICHT BLINDLINGS ZUM ZIEL, SONDERN

genieße den Weg.

Versuch's mit Plan B

Die Vitamin-B-Gruppe hat viele Funktionen, unter anderem hilft sie uns, die Nerven zu bewahren. Einige B-Vitamine haben Einfluss auf Tryptophan und damit auf die Serotoninbildung im Körper. Ein Vitamin-B-Mangel kann zu Serotoninmangel führen und der wiederum die Stimmung drücken. Und letztlich kann es so zu ernsten psychischen Problemen kommen. Man sollte vor allem für die Vitamine B_1, B_3, B_5, B_6, B_9 und B_{12} sorgen, was aber durch eine ausgewogene Ernährung gewährleistet ist. Speziell Spinat, Brokkoli, Spargel und Leber sind reich an B-Vitaminen. Wenn du oft Fertiggerichte isst oder dich vegan ernährst, fehlen dir eventuell bestimmte B-Vitamine. Dann kann ein Vitaminpräparat als Nahrungsergänzung sinnvoll sein.

LERNE,

KONTAKT ZU DER

STILLE IN DIR

AUFZUNEHMEN,

UND ERKENNE,

DASS ALLES IM

LEBEN EINEN

SINN HAT.

Elisabeth Kübler-Ross

GIB GRÜNTEE EINE CHANCE

Wenn du dein täglich Koffein reduzieren möchtest, trink doch öfter mal statt Kaffee oder Schwarztee grünen Tee. Je nach Sorte enthält dieser weniger Koffein, dafür die Aminosäure L-Theanin, die es besser verträglich macht und beruhigend wirkt. Manche schwören auf grünen Tee als Anti-Stress-Mittel. Wenn du den intensiven Geschmack von purem Grüntee nicht magst, gibt es viele Alternativen, denn er wird in diversen Geschmacksrichtungen und Mischungen angeboten, zum Beispiel mit Erdbeere, Mandarine, Echinacea (gut zur Vorbeugung gegen Erkältung), Minze, Ginseng (ein großartiges Stärkungsmittel), Jasmin oder Brennnessel.

Öffne
deinen
Geist und
sei bereit
für neue
Ideen.

Wir dürfen weder der Uhr noch dem Kalender erlauben, uns blind zu machen dafür, dass jeder Moment im Leben wundervoll und geheimnisvoll ist.

H. G. Wells

TRINKE WENIGER ALKOHOL

Nach einem harten Arbeitstag greift manch einer gern zu einem Drink, um sich zu entspannen. Alkohol wirkt tatsächlich sofort beruhigend, aber auch wie ein Sedativum, und wenn die erste Wirkung nachlässt, stellt sich oft eine innere Unruhe ein. Alkohol kann auch den Schlaf stören, obwohl er als »Absacker« so beliebt ist. Versuche, deinen Alkoholkonsum so weit wie möglich zu reduzieren. Und wenn du dir doch mal ein Gläschen genehmigen willst, dann entscheide dich für Chianti, Merlot oder Cabernet Sauvignon, denn diese Weine sind aus Trauben gemacht, deren Schalen das Schlafhormon Melatonin enthalten. Aber nimm trotzdem nur ein kleines Glas!

Ein gelassener Mensch ist wie ein Baum,
der Schatten spendet.
Man sucht gerne bei ihm Zuflucht.

Toba Beta

ISS MEHR MINERALSTOFFE

Um für körperliches und seelisches Wohlbefinden sorgen zu können, ist unser Nervensystem auf Mineralstoffe in ausreichender Menge angewiesen. Diverse Beschwerden werden mit einem Mineralienmangel in Verbindung gebracht: Fehlt Kalzium, kann sich das zum Beispiel in Erregbarkeit, Nervosität und Verspannung äußern; viel Kalzium liefern Käse, Joghurt und Milch. Magnesium gilt als natürlicher Tranquilizer und spielt eine wichtige Rolle bei der Kalziumaufnahme; es steckt in dunkelgrünem Blattgemüse (wie Brokkoli, Kohl und Spinat), Meeresfrüchten, Kartoffeln, Nüssen, Samen und Vollkornprodukten. Ein Zinkmangel kann mit Depressionen einhergehen; Meeresfrüchte, Eier, Brokkoli, Pilze, Nüsse, Samen und Kiwis enthalten viel Zink. Eisenmangel kann zu schlechter Laune und innerer Unruhe führen, deshalb ist es für mehr Gelassenheit wichtig, die Eisenspeicher aufzufüllen. Frauen brauchen mehr Eisen als Männer, und Vegetarier sollten über ein Eisenpräparat nachdenken; dunkelgrünes Blattgemüse, Fleisch, Fisch, Bohnen und andere Hülsenfrüchte, Nüsse und Vollkornprodukte enthalten viel Eisen.

Ohne zu akzeptieren,
dass alles sich wandelt,
finden wir nicht zu
wahrer Gelassenheit.

Shinichi Suzuki

KLEINE KRÄUTERKUNDE

Es gibt verschiedene Pflanzenpräparate, die mehr innere Ruhe schenken können. Baldrian, Hopfen und Passionsblume wirken alle stresslindernd und schlaffördernd. Rosenwurz (Rhodiola rosea) kann bei leichten Angstzuständen helfen und soll auch die Konzentration fördern. Johanniskraut wird bei leichten und mittelgradigen Depressionen oder auch bei Stimmungsschwankungen verordnet; wenn du Johanniskraut nehmen willst, sprich darüber mit deinem Arzt oder Apotheker, weil es zu Wechselwirkungen mit bestimmten anderen Medikamenten kommen kann, eventuell auch mit der Pille.

TRINKE GENUG WASSER

Wenn du dehydriert bist, wirkt sich das nicht automatisch auf deine innere Ruhe aus, aber wenn du bereits unter Stress und Anspannung leidest, kann Wassermangel deinen Zustand verschlimmern. Solltest du zu Panikattacken neigen, ist es besonders wichtig, genug zu trinken, weil das den typischen Symptomen vorbeugt, die einen Angstanfall triggern können, wie Kopfschmerzen, Schwindelgefühl, Muskelschwäche und erhöhte Herzfrequenz. Die Europäische Behörde für Lebensmittelsicherheit (efsa) empfiehlt 1,6 Liter Flüssigkeit pro Tag für Frauen und 2 Liter für Männer. Gewöhne dir also an, immer eine Flasche Wasser dabeizuhaben und regelmäßig zu trinken. Auch heiße Getränke, Fruchtsäfte und Lebensmittel enthalten Wasser, das du mit einrechnen kannst.

AUCH BEWEGUNG HILFT

Während des Körpertrainings wird Serotonin, das »Glückshormon«, ausgeschüttet, das die Laune hebt und das Stresslevel senkt. Dich mehr zu bewegen hilft dir, in der Freizeit besser zu relaxen, besser zu schlafen und besser drauf zu sein. Und all das wird dich definitiv gelassener machen.

LAUF EINFACH LOS

Spaziergehen ist eine ganz leichte Übung und lässt sich gut in den Alltag integrieren. Wenn du einen Spaziergang zu deinem täglichen Ritual machst, hält dich das fit und gesund, und außerdem profitierst du vom Serotonin, das die innere Ruhe fördert. Auch in einem vollgepackten Terminplan kannst du einen Spaziergang unterbringen, zum Beispiel indem du morgens früher losfährst und etwas weiter weg vom Büro parkst, indem du in der Früh mit dem Hund rausgehst oder mittags eine Runde im nahen Park drehst oder am Fluss entlangspazierst. Lass es zu einer lieben Gewohnheit werden, deren wohltuende Wirkungen du schon bald spüren wirst: Nicht nur die Bewegung, sondern auch dass du Zeit an der frischen Luft verbringst, beruhigt und entspannt Körper und Geist.

Wer mit sich selbst im Einklang lebt, lebt im Einklang mit der Welt.

Mark Aurel

LASS ALLE MÜHE DAVONTREIBEN

Schwimmen ist eine der effektivsten Trainingsformen, denn es fordert nicht nur den gesamten Körper, was einen rechtschaffen müde werden lässt, sondern es hilft auch, sich zu entspannen und abzuschalten. Das rhythmische Plätschern des Wassers bei jedem Zug und die Konzentration aufs Atmen machen Schwimmen zu einer wunderbaren Beruhigungsmaßnahme. Nutze die erste Hälfte deiner Mittagspause für eine Runde im Schwimmbad, oder fahr an einem warmen Sommertag abends an den nächsten Strand, spring ins Wasser und lass den Stress des Tages einfach davontreiben.

Ahme den Gang
der Natur nach:
Ihr Geheimnis
ist Geduld.

Ralph Waldo Emerson

NIMM DAS FAHRRAD

Es ist nicht nur eine praktische und günstige Beförderungsart, sondern Radfahren ist auch ideal, um den Körper im Alltag zu trainieren. Fährst du regelmäßig mit dem Auto oder mit öffentlichen Verkehrsmitteln zur Arbeit, und gar so weit ist es nicht? Wie wär's, wenn du dein altes Bike hervorholst und ab jetzt damit zum Job radelst? Frische Luft und körperliche Aktivität sind eine gute Kombination, um die Stimmung zu verbessern, und regelmäßiges Radfahren kann entscheidend dazu beitragen, innerlich ruhiger zu werden und zugleich körperlich fitter. Falls du eine schönere Strecke zur Arbeit finden willst oder eine längere Radtour planst, dann findest du im Internet diverse Websites, die Routenplanung speziell für Radfahrer anbieten, etwa www.adfc.de, www.naviki.org, www.radroutenplaner-deutschland.de oder www.google.de/maps. Es gibt rund um deinen Wohnort ganz viel Grün, das nur darauf wartet, erforscht zu werden – also steige auf dein Rad und fahre schöneren Aussichten entgegen.

VERSUCH'S MIT YOGA

Es gibt verschiedene Yogarichtungen, aber um mehr Gelassenheit zu üben, ist Hatha Yoga ideal. In dieser Yogaform nimmt man achtsam bestimmte Körperhaltungen ein und verweilt eine Zeitlang darin, während man langsam und regelmäßig atmet. Mit Yoga kannst du deine Körperhaltung verbessern, die Muskulatur stärken und beweglicher werden, aber vor allem dient Yoga dazu, den Geist zu klären und innere Ruhe zu gewinnen, und er ist nachweislich sehr hilfreich, um Stress und Ängste abzubauen. Du wirst sicher in deiner Nähe diverse Angebote finden, beginne aber mit einer sanften, meditativen Form. Wenn du kein Hatha Yoga findest oder es erst mal allein ausprobieren willst, dann kaufe dir eine der vielen DVDs, die es gibt, und übe bequem zu Hause.

Wenn wir
unfähig sind,
Stille in uns selbst
zu finden,
ist es sinnlos,
sie andernorts
zu suchen.

François de La Rochefoucauld

Wahre Entspannung

Wenn du wegen deines hektischen Lebens fix und fertig bist, kannst du durch Entspannungstechniken wieder in Balance kommen. Probiere die folgenden Methoden aus und finde heraus, welche die beste für dich ist.

Übe dich in Achtsamkeit

Achtsamkeitstraining kommt ursprünglich aus dem Buddhismus. Ziel ist es, ganz bewusst im Moment zu leben und so inneren Frieden zu finden. Du lernst wahrzunehmen, welche Gefühle in bestimmten Situationen auftauchen, und kannst so besser erkennen, was Stress auslöst. Umgekehrt kannst du achtsamer sein, wenn solche Stressoren auftauchen, und gelassener damit umgehen. Durch Achtsamkeit lernst du auch, im Alltag nicht den Autopiloten einzuschalten, sondern ganz bewusst und ruhig bei einer Sache zu bleiben. Achtsam zu duschen ist ein einfaches Beispiel: Statt alles automatisch zu tun und mit den Gedanken schon woanders zu sein, spürst du bewusst das Wasser auf deiner Haut, nimmst den Duft der Duschlotion wahr und wie sich deine Muskeln in der Wärme entspannen. Es tut sehr gut, den Tag in aller Ruhe ohne Hetze zu beginnen – und so kannst du viele Momente gestalten.

Atme tief

Manchmal fällt es uns sehr schwer, nach einem stressigen Tag abzuschalten. Aber es gibt eine einfache Methode, die dem Körper hilft, sich zu entspannen, und das ist tiefes, achtsames Atmen. Man kann das jederzeit am Tag tun – vor dem Zubettgehen, als Erstes in der Früh oder am Schreibtisch im Büro. Die Übung ist einfach: Schließe deine Augen und konzentriere dich auf deine Atmung. Achte nur darauf, wie es sich anfühlt, wenn der Atem kommt und geht. Bist du dir deines Atems ganz bewusst, versuche, tiefer zu atmen: Zähle bis sechs beim Einatmen und bis sechs beim Ausatmen. Konzentriere dich so fünf Minuten lang auf deinen Atem. – Wenn du die Übung regelmäßig im Alltag machst, wirst du dich schon bald deutlich entspannter fühlen.

EIN KLARER VERSTAND IST DER SCHLÜSSEL ZUM EINFACHEN LEBEN.

DEIN GEIST FINDET ANTWORT AUF DIE MEISTEN FRAGEN, WENN DU LERNST, ENTSPANNT DARAUF ZU WARTEN.

William S. Burroughs

Meditation gibt es seit Langem in vielen Kulturen rund um die Welt – und das in zahlreichen Varianten. Yoga und Tai-Chi sind zum Beispiel Bewegungsmeditationen. Einfach gesagt, ist Meditation ein Weg, um den Geist zu beruhigen und innerlich ganz still zu werden. Man muss das nicht im Lotossitz tun und dabei Mantras singen, obwohl das für viele Menschen hilfreich ist. Wenn du eine erste Erfahrung mit Meditation machen möchtest, setze dich bequem, aber aufrecht hin und lege deine Hände mit den Handflächen nach oben in den Schoß. Schließe deine Augen und konzentriere dich auf einen deiner Sinne, zum Beispiel das Hören. Wenn dein Geist abzuschweifen beginnt, bringe ihn sanft zurück zu den gewählten Sinneswahrnehmungen. Tust du das fünf bis zehn Minuten lang, wird das deinen Tag spürbar verändern.

Nimm dir Zeit für dich selbst

Wenn du dir um jemanden große Sorgen machst und dich das zusätzlich belastet, solltest du unbedingt etwas Zeit für dich selbst reservieren. Gerade wenn sehr viel los ist, müssen wir uns auch mal entspannen und gedanklich sortieren. Vielleicht verbringst du einen gemütlichen Abend mit einem guten Buch oder deinem Lieblingsfilm, oder du entziehst dich allem für eine Weile bei einem Spaziergang im Grünen – Hauptsache, es tut dir gut und du genießt die Zeit mit dir selbst. Auch Joggen oder Schwimmen geben dir Gelegenheit, über deinen Tag nachzudenken, während du gleichzeitig gut für deinen Körper und deine Seele sorgst.

Alles, was du tust,
gelingt dir

besser,

wenn du es

entspannt

angehst.

Stephen C. Paul

WOHLTUENDE THERAPIEN

Wenn alles zu viel wird, können verschiedene Therapiemethoden helfen, die physischen und psychischen Stresssymptome zu lindern, und sie schenken zudem dringend nötige »Ich-Zeit«.

Hilfe durch kognitive Verhaltenstherapie

Kognitive Verhaltenstherapie (KVT) ist eine Form der Psychotherapie. Sie hilft dabei, hinderliche Gedanken und Verhaltensweisen zu ändern und eine positivere Einstellung zu gewinnen – denn durch negative Gedanken entstehen ängstliche Gefühle. Die Therapie geht davon aus, dass negatives Denken durch Erfahrungen in der Kindheit und frühen Erwachsenenzeit entsteht, die uns oft ein Leben lang beeinflussen. Negative Einstellungen lassen sich auflösen, indem wir auf das schauen, was wirklich ist, indem wir Glaubenssätze und Ängste hinterfragen und eine hilfreichere Perspektive einnehmen. Wir können Strategien einüben, um mit belastenden Situationen besser umzugehen und so Veränderung einzuleiten. Auf www.kbv.de findest du unter »Service« regionale Vermittlungsstellen von Psychotherapeuten für KVT mit Kassenzulassung in Deutschland.

AROMATHERAPIE: DÜFTE, DIE GUTTUN

Schon lange werden ätherische Öle eingesetzt, um Körper und Geist zu beruhigen. Man nimmt an, dass das Einatmen der Duftstoffe auf den Hypothalamus wirkt – den Teil des Gehirns, der die Drüsen und Hormone steuert – und dadurch die Stimmung beeinflussen und das Stresslevel senken kann. Du kannst ätherische Öle in Massageölen nutzen, im Badewasser, per Duftlampe oder Inhalator oder sie auf einen Wickel geben. Stimmungshebend wirken zum Beispiel Bergamotte, Kamille, Lavendel, Neroli und Rose. Anregend wirken etwa Schwarzer Pfeffer, Geranie, Pfefferminze und Rosmarin.

Per Reflexzonen Entspannen

Die Reflexzonenmassage stimuliert, ähnlich wie die Akupressur, bestimmte Punkte auf der Haut, um den Energiefluss im Körper anzuregen. Man geht davon aus, dass jeder Punkt mit einem bestimmten Körperbereich in Verbindung steht. Reflexzonen befinden sich an Füßen, Händen und im Gesicht, aber meist werden die Füße behandelt, da diese besonders sensibel sind und man von hier aus den gesamten Körper erreicht. Durch die Stimulation sollen energetische Blockaden im entsprechenden Körperteil gelöst, der freie Energiefluss angeregt und so Heilungsprozesse unterstützt werden.

Wie auch immer es gesundheitlich wirkt, allein die Entspannung wird dir guttun. Du kannst dich auch selbst behandeln – dann ist es an den Händen einfacher –, aber viel entspannender wirkt die Massage, wenn Reflexzonentherapeuten sie durchführt. Du findest sicher eine oder einen in deiner Nähe.

Sei flexibel.

Alles ist einfacher, wenn du für Veränderung offen bist.

GÖNNE DIR MASSAGEN UND DUFTENDE ÖLE

Massagen lösen körperliche Verspannungen auf und lassen uns auch geistig zur Ruhe kommen. Gönne dir hin und wieder eine professionelle Massage, oder vielleicht kannst du deinen Partner darum bitten. Es gibt zahlreiche ätherische Öle, die entspannend und beruhigend wirken – nutze also das eine oder andere Öl, um die Massagewirkung zu unterstützen. Alternativ kannst du auch einen Tropfen Öl auf deine Handgelenke oder hinter den Ohren auftragen, sodass dich der Duft den Tag über begleitet und dich gelassener stimmt. Bergamotte und Jasmin wirken beruhigend und stimmungsaufhellend, Melisse und Lavendel ausgleichend und stärkend bei Stress und Ängsten.

Letztlich ist das Beste, was man bei
Regen tun kann, es regnen zu lassen.

Henry Wadsworth Longfellow

Glaube daran, dass das Leben lebenswert ist, und dein Glaube wird es wahr machen.

William James

LÄCHLE,

UND DIE WELT WIRD ZURÜCK-LÄCHELN.

LAST, NOT LEAST: ÄRZTLICHER RAT

Wenn du alles andere versucht hast und dich deine Sorgen nach wie vor niederdrücken, solltest du dir professionelle Hilfe suchen. Wende dich zuerst an deine Hausärztin oder deinen Hausarzt – sie empfehlen vielleicht eine Psychotherapie, wo du dann über deine Sorgen reden kannst, oder eine kognitive Verhaltenstherapie oder auch eine medikamentöse Behandlung. Sei in diesem Gespräch möglichst ehrlich, denn nur wenn du nichts verschweigst und deine Beschwerden genau schilderst, kann der Arzt die richtige Behandlung empfehlen. Komplementäre Therapien können sehr hilfreich sein, um Stress und Anspannungen zu lindern, die dich aus dem Gleichgewicht gebracht haben, aber manchmal ist ärztliche oder psychotherapeutische Hilfe nötig. Du wirst dort in guter Obhut sein und die Wirkungen schon bald spüren.

VIEL FREUDE AUF DER REISE ZU EINEM NEUEN, GELASSENEREN ICH!

Noch mehr Zeit für dich

Achtsamkeit:
ISBN 978-3-424-63162-3

Glück:
ISBN 978-3-424-63160-9

Selbstvertrauen:
ISBN 978-3-424-63174-6